TIGRES

SERIE: LA FAUNA SILVESTRE EN PELIGRO

Louise Martin

Versión en español de Aída E. Marcuse

The Rourke Corporation, Inc.
Vero Beach, Florida 32964

Library of Congress Cataloging-in-Publication Data

Martin, Louise, 1955-
   [Tigres. Spanish.]
   Tigres / de Louise Martin. Versión en español de Aída E. Marcuse
      p. cm. — (La fauna silvestre en peligro)
   Incluye índices.
   Resumen: Describe las cinco especies que quedan de tigres,
cómo la gente amenaza su supervivencia y los esfuerzos que se
hacen para salvarlos.
   ISBN 0-86593-340-5
   1. Tigres—Literatura juvenil. 2. Especies en peligro de
extinción—Literatura juvenil. 3. Protección de la fauna silvestre—
Literatura juvenil. [1. Tigres. 2. Animales en peligro de extinción.
3. Protección de la fauna silvestre. 4. Materiales en idioma español.]
I. Título. II. Series: Martin, Louise, 1955-   La fauna silvestre en
peligro. Español.
QL737.C23M36518   1993
639.p´7974428—dc 20   93-2367
                                    CIP
                                    AC

ÍNDICE

LOS TIGRES

Los tigres lucen como simpáticos y enormes gatos a rayas negras y anaranjadas, pero suelen ser llamados "comedores de gente". En realidad, la gente ha matado a más tigres que los tigres han matado gente: hace unos cien años había 100.000 tigres en Asia; en 1973 sólo quedaban 5.000. A principios de este siglo, había ocho **subespecies** de tigres. Hoy tres de ellas se han **extinguido,** y sólo quedan cinco.

Los tigres parecen ser simpáticos gatos a rayas

DÓNDE VIVEN

Los tigres solían vivir en muchas partes de Asia al sur de una línea que corre por el sur de Rusia, atraviesa la India, y va hasta el sureste de Asia. Ahora la mayoría de los tigres, unos 4.000, están en la India. De éstos, hay 3.000 en libertad. Los tigres viven en praderas, pantanos y áreas forestadas. Necesitan disponer de abundante agua y que haya en su territorio suficientes animales pequeños que les sirvan de **presa.** Su comida favorita es el cerdo salvaje.

Los tigres necesitan disponer de abundante agua

QUÉ AMENAZA A LOS TIGRES

Los seres humanos constituyen la mayor amenaza para la supervivencia de los tigres. Como hay más gente, se necesitan más tierras para hacer crecer cosechas. Para que el hombre tenga madera para hacer fuego, edificios y papel, se destruyen selvas enteras. A los tigres les queda menos y menos lugares donde vivir. Lo que sucede en la India es un buen ejemplo: en ese país hay ahora cinco veces más habitantes que en 1900. La mayor parte de las tierras de los tigres ha sido tomada por los campesinos, quienes, además, los matan para que no se coman a sus animales. Los tigres fueron empujados hacia lo más profundo de las selvas.

Tigres de aspecto feroz, como éste, asustan a los campesinos

CACERÍAS DE TIGRES

Cazar tigres solía ser un deporte muy popular en la India. Las hermosas pieles a rayas de los animales eran usadas como alfombras o colgadas en las paredes. Los **maharajás** hindúes y los **colonos ingleses** que vivían en la India, organizaban a menudo cacerías de tigres. Se internaban en las selvas, a veces hasta tres semanas, solamente para matarlos y mataban hasta cincuenta tigres en una sola cacería. ¡No es de sorprender que desaparecieran 95.000 tigres entre 1900 y 1970!

La población del tigre de la India está creciendo

Un par de tigres chinos
en el zoológico de Shangai

EL "PROYECTO TIGRE"

En 1973, alguna gente se dio cuenta de que sólo quedaban 5.000 tigres en el mundo. La **Fundación Mundial para la protección de la fauna y la flora silvestres,** una organización que establece planes para proteger los animales y plantas en vías de extinción, entró en acción y, con la ayuda del gobierno de la India, emprendió el "Proyecto tigre". Nueve reservaciones naturales en la India fueron involucradas en este plan para salvar a los tigres del país de los campesinos y los **cazadores furtivos,** que los matan ilegalmente. Cuando empezó el "Proyecto tigre", sólo había 300 tigres en las reservaciones. Quince años después hay en ellas 1.200, es decir, cuatro veces más.

Una tigresa de la India dormitando con su cachorro

LOS TIGRES CHINOS

Los tigres chinos (*Panthera tigris amoyensis*) están al borde de la extinción.

Solían vagar libremente por todo el sur de China, y aún en 1949, quedaban allí 4.000 de ellos. Pero hoy sólo hay cincuenta tigres en libertad en China. Como en la India, la población humana se ha apoderado del territorio de los tigres para convertirlo en tierras labrantías. Durante muchos años los campesinos temieron a los tigres, y pensaron que se comerían a sus animales—y a ellos también—. El gobierno chino alentaba a los campesinos a matar tigres por el peligro que representaban para las cosechas y la gente.

Los tigres necesitan que haya vegetación, para camuflarse en ella.

LOS TIGRES CHINOS Y LA MEDICINA

Cuando los tigres chinos empezaron a desaparecer, el gobierno de China cambió de idea y, en 1977, promulgó una ley prohibiendo cazarlos. Se enviaron a reservaciones tantos tigres como se pudo. Pero hay médicos chinos tradicionales que hacen medicinas con los órganos internos y los huesos de los tigres. La gente cree que un vino hecho con los huesos cura el reumatismo. Como el pueblo chino está dispuesto a pagar altos precios por esas medicinas, los cazadores furtivos aún matan tigres, incluso dentro de las reservaciones.

Un tigre de Sumatra
descansando en la selva

LOS TIGRES SIBERIANOS

El gobierno chino también se está preocupando por otro tigre, uno que vive al noreste de China. El tigre siberiano *(Panthera tigris altaica)* estuvo en peligro de extinción por primera vez en 1870, cuando los dirigentes de la dinastía Qing autorizaron que se desbrozaran las selvas. Los científicos creen que sólo quedan cincuenta tigres siberianos en libertad en China. Pero hay unos trescientos de ellos en Rusia, cerca de la frontera con China, y otros seiscientos en los zoológicos del mundo.

Un tigre con su presa

CÓMO PODEMOS AYUDAR

La población de tigres del mundo probablemente ha doblado en los últimos quince años, desde que los científicos entraron en acción para salvarlos. Hemos perdido tres o cuatro subespecies—el tigre balinés, el del Mar Caspio y el javanés—, y las demás subespecies todavía no están a salvo. El tercer tigre de Indonesia, el de Sumatra, es muy escaso pero todavía existe. Los gobiernos están colaborando en el establecimiento de zonas donde todos los tigres que quedan puedan vivir a salvo, sin destruir las cosechas de los campesinos ni matar a sus animales, y donde los cazadores furtivos no podrán matarlos.

Glosario

cazadores furtivos (ca-za-do-res fur-ti-vos) — gente que caza animales sin permiso

colonos ingleses (co-lo-nos in-gle-ses) — ciudadanos de Inglaterra que se mudaron a otros países gobernados por Gran Bretaña, como Kenia

extinción (ex-tin-ción) — fin de las especies

Fondo Mundial para la protección de la fauna y la flora silvestres — organización que ayuda a salvar a las plantas y animales en vías de extinción

maharajá (ma-ha-ra-já) — príncipe o rey hindú

presa (pre-sa) — animal que es cazado para servir de alimento

subespecies (sub-es-pe-cies) — término científico que significa un grupo dentro de una especie

ÍNDICE ALFABÉTICO